LE

TRAITÉ DES FLEUVES

DE PLUTARQUE

PAR

F. DE MÉLY

PARIS
ERNEST LEROUX, ÉDITEUR
28, RUE B[illegible]
18[illegible]

EXTRAIT DE LA *REVUE DES ÉTUDES GRECQUES*

LE TRAITÉ DES FLEUVES
DE PLUTARQUE

LE TRAITÉ DES FLEUVES DE PLUTARQUE

L'authenticité et l'âge du *Traité des Fleuves* de Plutarque ont été l'objet de nombreuses dissertations, depuis Maussac jusqu'à nos jours ; il semble aujourd'hui, qu'il y n'ait que bien peu de choses à ajouter aux éditions du Περὶ ποταμῶν de Rodolphe Hercher et de C. Muller. Leurs conclusions, au sujet de la non authenticité du traité, ne peuvent soulever aucune objection. Après avoir rappelé l'opinion de Maussac, de Dodwell, de Bernhardy, résumé tout ce qui a été écrit par leurs prédécesseurs, ils démontrent avec évidence que le Περὶ ποταμῶν est l'œuvre d'un faussaire ; nous n'en pouvons douter. Mais, s'ils comparent, pour soutenir leur thèse, le livre des *Parallèles* au livre des *Fleuves,* s'ils étudient chacun des auteurs, et Dieu sait s'ils sont nombreux, cités dans ce traité, ils laissent, sans l'élucider, un point, et non le moins intéressant : l'époque à laquelle il a été composé. La question reste dans un état d'incertitude tel qu'entre le Ier siècle et le Xe, date du *Codex Palatinus* qui nous a conservé le *Traité des Fleuves,* nous ne trouvons guère de point de repère auquel nous puissions, de quelque côté que ce soit, nous rattacher. Ce n'est pas tout, cependant, d'étudier un texte sur le manuscrit, de le comparer à d'autres, d'en faire l'anatomie philologique ; ce sont bien plutôt les sentiments exprimés, la composition du travail, l'économie générale de l'œuvre qu'il faut interroger, pour en déterminer la date. Le milieu dans lequel a vécu l'auteur laisse infailliblement son empreinte sur ce qui est sorti de sa pensée : les légendes elles-mêmes, en traversant les âges, se modifient, se transforment suivant cette règle invariable ; ces transformations, ces modifications, ce sont elles qui nous renseigneront. Parfois, l'ensemble du travail sera nécessaire pour nous guider ; d'autres fois, un simple détail d'art, de science, de médecine, de liturgie, dissimulé dans un développement tout à fait secondaire, et que des spécialistes sont seuls à même d'apprécier, nous permettra de nous former une opinion ; quelquefois enfin, le livre ne nous indiquera pas le moment où il a été composé, mais celui auquel il n'a pu être écrit : sans trouver toujours des dates précises, nous pourrons cependant ainsi resserrer le champ de nos investigations et de nos incertitudes.

Je n'ai pas l'intention de rechercher si l'auteur du *Traité des Fleuves* et des *Parallela minora* est le même : Hercher me semble avoir épuisé le sujet ; je ne m'arrêterai pas davantage à l'authenticité des nombreux écrivains cités dans le traité ; mais, en demandant à l'auteur sous l'empire de quelles préoccupations il a composé son œuvre, je tâcherai de découvrir le moment où elle a été écrite.

Le Περὶ ποταμῶν est extraordinaire. Au premier abord, il semble ne se rattacher à aucun ouvrage similaire : on ne sait si l'on se trouve réellement en présence d'un traité de géographie, comme son nom l'indique, ou d'un traité de religion, comme la lecture pourrait le faire croire. A propos des fleuves et des montagnes, il n'est question que des actions des dieux : toute la mythologie y est soigneusement rapportée. Pas de fleuve, de montagne qui ne rappelle de terribles souvenirs, qui n'en tire son nom ; mais, si les dieux de l'Olympe y tiennent une place prépondérante, si les divinités honorées en Grèce y sont scrupuleusement énumérées, si les temples de Minerve Chalciœque, de Diane Orthienne à Sparte, de Junon Prosymnée, de Minerve à Argos, si les mystères de Cybèle, de la Mère des Dieux, d'Apollon, de Vénus, de Jupiter, de Neptune, se trouvent cités à côté des noms de Mars, de Saturne, de Bacchus, de Mercure, les divinités égyptiennes, Rhea, Iris, Osiris, le Soleil, la Lune sont également signalés pour leur puissance. L'auteur parle de l'Acheloüs, de l'Alphée, de l'Eurotas, de l'Inachus, de l'Ismène, du Lycormas, par conséquent de presque tous les cours d'eau de la Grèce; mais sauf l'Arar et l'Ebre, tous les autres sont fleuves d'Asie, du Phase au Gange. Il a beau être souvent question de la Grèce, on sent là une influence étrangère : le souvenir de Plutarque, le prêtre d'Apollon, auquel le traité doit être attribué, hante l'auteur, mais il ne saurait échapper à une tradition d'école : la composition du traité est de nature à nous la révéler.

Le Περὶ ποταμῶν comprend vingt-cinq chapitres, en réalité vingt-quatre seulement, puisque l'un deux, le quinzième, consacré au Thermodon, n'a que l'intitulé. Presque tous se composent de l'histoire magique et médicale d'une plante, d'une pierre, trouvées près d'un fleuve, au pied d'une montagne, accompagnés de leurs traditions mythologiques : telle était certainement la disposition primitive du traité tout entier. Le tout est entouré d'un apareil d'érudition des plus compliqués, d'une richesse de citations incroyable, destinée à faire accepter par les plus difficiles un livre de tendance très probablement religieuse et magique. Muller reconnaît que chaque chapitre est traité avec un certain ordre; on dirait des formules dont l'auteur se sépare rarement et qui ont comme un aspect magique : « *Ubi virgo olim per vim vitiata est, lapis reperitur impediens ne quid virgines patiantur.* » De même Hercher : « *In comminiscendis lapidum et herbarum viribus, sæpiuscule Plutarchus rem suam sic instituit ut variis calamitatibus, quibus principes in historiolis suis homines oppressos scribit, medicinas apponeret præsentissimas.* » Ce dernier enfin, ne peut s'empêcher de remarquer que, dans les formules, les syllabes initiales de certains mots se ressemblent : « *Nimirum, non raro ille arrepta syllaba, quæ antecedentes alicujus nominis principium efficiebat, auctorem genuit eamdem illam syllabam in fronte gerentem.* » C'est de la pure *littéromancie*.

Son économie une fois dégagée, il ne reste qu'à rapprocher le Περὶ ποταμῶν du livre des *Cyranides,* dont je me suis occupé naguère (1). Dans les deux, on trouve vingt-quatre chapitres, nombre cabalistique correspondant aux lettres de l'alphabet; dans chaque chapitre, quatre divisions qui répondent aux quatre éléments. Dans le Περὶ ποταμῶν, les fleuves représentent l'eau, l'herbe la terre, les pierres le feu, les montagnes, par leur élévation, l'air, absolument comme dans l'*Hermès* dont chaque chapitre comprend une pierre, un poisson, une plante, un oiseau. Comme l'Hermès Trismégiste, le Περὶ ποταμῶν est donc un livre magique et médi-

(1) *Revue archéologique,* 3e sér., t. XII (1889).

cal, car, avec les recettes pour prendre les tigres, pour faire avouer les crimes, pour protéger les trésors, pour éloigner les fantômes et le démon, pour empêcher les chiens d'aboyer, pour annoncer les années fertiles ou stériles, pour protéger l'honneur des jeunes filles, il indique des remèdes pour les brûlures, pour les yeux malades, pour la folie, pour les accouchements, pour la fièvre, les dartres, la lèpre, la jaunisse, les hémorragies, pour calmer les douleurs. L'*Hermès* appartient très certainement à l'école d'Alexandrie ; or, je ne trouve rien ici qui puisse s'opposer à ce que le Περί ποταμῶν se rattache à cette école. Je ne fais d'ailleurs en cela, mais pour de nouveaux motifs, que suivre l'opinion des érudits qui se sont jusqu'ici occupés du Pseudo-Plutarque.

A l'inverse de l'*Hermès*, par exemple, dont les éléments sont inséparables dans leur association, il est possible ici de dégager, sans pour ainsi dire qu'on s'aperçoive de l'opération, un véritable lapidaire, qui doit, précisément à cause de son étrangeté, à cause des pierres absolument nouvelles qu'il nous apporte, prendre une place importante au milieu des textes qui nous font connaître une des croyances et des légendes les plus anciennes de l'humanité.

On a cru pouvoir rapprocher notre traité de la *Vie d'Apollonius de Tyane*, vraisemblablement composée sous Caracalla (211-217), parce que là aussi il est question de merveilleux; pour ma part, je suis absolument opposé à ce rapprochement. En aucun point, je ne vois de ressemblance, ni dans la composition, ni dans les idées (1). La *Vie d'Apollonius de Tyane* est un roman, le *Livre des Fleuves* un traité hermétique. A bien étudier Apollonius de Tyane, il y a des choses, qui au premier abord paraissent absolument invraisemblables, mais qui ont un fond certain de réalité : chez le Pseudo-Plutarque, tout est fictif. Il est même assez curieux de trouver dans Apollonius de Tyane un jugement sur les poètes,

(1) Les lapidaires sont, au point de vue de la famille à laquelle appartiennent les traités dont ils dépendent, un renseignement absolument certain ; or, voici les pierres d'Apollonius de Tyane : Aëtite, Aimant, Ambre, Bitume, Dracontites, Escarboucle, Licorne, Lychnite, Pantarbe, Perle, Pierre pleine de vent, Pierre qui attire les autres pierres. Sauf l'Aëtite et la Lychnite qu'on retrouve dans *tous* les lapidaires, pas une autre pierre n'est commune au *Traité des Fleuves* et à la *Vie d'Apollonius de Tyane*.

qui semble absolument s'appliquer au *Traité des Fleuves* : « Les poètes ne parlent que d'amours criminels et incestueux, de blasphèmes contre les dieux, d'enfants dévorés, de perfidies et de querelles coupables » : ne dirait-on pas le résumé du Pseudo-Plutarque? Devons-nous davantage rechercher ses rapports avec les *Parallela minora?* J'en reviens toujours à mon principe ; le Περὶ ποταμῶν est un traité magique et médical, qui doit être étudié comme tel, et rapproché seulement de ses similaires. Il faut donc demander aux idées contenues dans le lapidaire, sous l'empire de quelles influences l'auteur a été amené à le composer ; en voici d'abord le texte.

LAPIDAIRE

Contenu dans le Περὶ Ποταμῶν (1).

Hydaspe. — Il s'y engendre une pierre, appelée *Lychnis,* qui se rapproche de l'huile par sa couleur, et qui est très chaude (2). Quant la lune va croissant, on trouve cette pierre au son des flûtes, et ceux qui se trouvent dans un rang élevé l'employent à leur usage.

Arar ou la Saône. — Le poisson *Clupea* [qu'on y pêche] (3), a, dans la tête, une pierre semblable à un grain de sel, et cette pierre est un remède souverain contre les fièvres quartes, si on se l'applique sur le côté gauche dans le décours de la lune. Voyez *Callisthène le Sybarite,* dans son treizième livre de l'Histoire des Gaules, où *Timagène le Syrien* emprunte ce passage.

Pactole. — On trouve dans le Pactole une pierre appelée *Argyrophylax* (4), qui ressemble à de l'argent. Il est assez difficile de la distinguer, parce qu'elle est mêlée avec les paillettes d'or que le fleuve roule dans le sable. Elle a une propriété singulière. Les Lydiens riches, qui

(1) Traduction Bétolaud (*Œuvres de Plutarque,* V, 155 et suiv.) légèrement amendée.

(2) Serait-ce par hasard la pierre du *Pseudo-Aristote* de Liège « qui in vasis positus, faciet ea fervere, quasi essent super ignem et iste lapis [.....] »?

(3) *Clupea*, dit Hercher ; *scolopias*, dit Muller. Ce dernier d'ailleurs fait rapporter ἐν τῇ κεφαλῇ αὐτοῦ à la source du fleuve, mais non pas à la tête du poisson, en quoi je pense qu'il se trompe.

(4) 'Αρουραύλαξ, lisent Hercher et Muller. Je croirais qu'on doit lire soit Αὐροφύλαξ, soit 'Αργυροφύλαξ, la vertu de la pierre ne paraissant devoir laisser aucune espèce d'hésitation à ce sujet ; mais c'est plus probablement 'Αργυροφύλαξ.

sont seuls en état de l'acheter, la placent sur le seuil du lieu où sont contenues leurs richesses, et conservent ainsi sans danger l'or qui y est renfermé; car toutes les fois que des voleurs s'en approchent, cette pierre rend le son d'une trompette, et les malfaiteurs, qui se croient poursuivis, s'enfuient et tombent dans des précipices. L'endroit où ils meurent ainsi d'une mort violente est appelée la garde du Pactole.

MONT *Tmolus.* — Il y a sur le mont Tmolus, une pierre assez semblable à la pierre ponce, mais qu'il est difficile de trouver parce qu'elle change de couleur quatre fois le jour. Elle n'est aperçue que par les jeunes filles qui n'ont pas encore atteint l'âge de discernement. Si celles qui sont nubiles la trouvent, elle les garantit des outrages qu'on voudrait leur faire. Ainsi le rapporte *Clitophon.*

Méandre. — Il s'y trouve une pierre qu'on a nommée par antiphrase *Cophron*; si on la jette dans le sein de quelqu'un, il entre aussitôt en fureur et tue un de ses parents; mais après avoir apaisé la Mère des Dieux, il est guéri de sa folie, comme le dit *Démarate,* au livre troisième des Fleuves. *Archelaüs* en parle aussi dans son premier livre des Pierres.

MONT *Sipyle.* — On y trouve une pierre semblable à un cylindre. Lorsque les enfants pieux la rencontrent, ils vont la porter dans le temple de la Mère de Dieux et, dès lors, ils ne commettent aucune impiété. Ils chérissent leurs parents et aiment tous ceux qui leur sont unis par les liens du sang. Ainsi le rapporte *Agatharchide de Samos,* dans son quatrième livre des Pierres. *Démarate* en parle, avec plus de détails encore, dans le sixième livre de sa Phrygie.

Près du fleuve *Marsyas* est le mont *Bérécynthe,* qui prit son nom de Bérécynthus, le premier prêtre de la Mère des Dieux. On y trouve une pierre appelée *Machera* qui ressemble beaucoup à un couteau. Si quelqu'un la trouve pendant la célébration des mystères de la déesse, il devient furieux, comme le rapporte *Agatharchide* dans ses Phrygiaques.

Strymon. — Il s'y trouve une pierre, nommée *Pausilype.* Lorsqu'une personne affligée la trouve, elle est sur le champ délivrée de son chagrin. Ainsi le rapporte *Jason de Byzance* dans ses Récits tragiques (1).

MONTS *Hémus et Rhodope.* — On y trouve des pierres qu'on appelle *Philadelphes.* Elles ont la couleur des plumes de corbeau et représentent des hommes. Lorsqu'elles sont séparées les unes des autres, si on prononce leur nom, elles se détachent de ce qui les environne et viennent se réunir ensemble. Ainsi le rapporte *Thrasylle le Mendésien,* dans

(1) J'ai hésité à mentionner cette pierre, que Bétolaud regarde comme une plante. Hercher et Muller lisent Λίθος. Cependant le traité hermétique doit porter ici une plante et non pas une pierre.

son second livre des Pierres. Il en parle plus en détail dans ses Récits tragiques (ou Thraces).

Sagaris. — Il s'y trouve une pierre nommée *Autoglyphe* sur laquelle se voit représentée la Mère des Dieux. Si un eunuque rencontre une de ces pierres, ce qui arrive rarement, il ne s'étonne plus de la castration et soutient avec intrépidité la vue de cette opération contraire à la nature. Ainsi le rapporte *Arétade* dans son Histoire de Phrygie.

Mont *Ballénée*. — Il y a sur cette montagne une pierre nommée *Aster* qui, au commencement de l'automne, brille comme le feu pendant la nuit. Dans la langue du pays, elle s'appelle *Ballen*, nom qui signifie « Roi ». Ainsi le rapporte *Hermesianax de Cypre*, dans le livre second de son Histoire de Phrygie.

Mont *Ida*. — On y trouve une pierre nommée *Cryphius* qui ne se voit que pendant la célébration des mystères des Dieux, au rapport d'*Héraclide de Sicyone* dans le second livre des Pierres.

Tanaïs. — Il s'y trouve une pierre qui ressemble au cristal, et rubannée, qui représente un homme. Quand le roi du pays est mort, le peuple s'assemble sur les bords du fleuve : celui qui a cette pierre en sa possession est aussitôt déclaré roi et reçoit le sceptre du prince défunt.

Nil. — On trouve dans ce fleuve une pierre qui ressemble à une fève. Lorsqu'un chien l'aperçoit, il ne peut aboyer. Elle a la plus grande vertu contre les mauvais esprits : car on ne l'a pas plus tôt approchée du nez d'un homme possédé du démon, que l'esprit malin se retire de lui.

Il produit d'autres pierres appelées *Collotes* que les hirondelles ramassent après que les eaux du Nil se sont retirées, pour construire le mur Chélidonien. Ce mur résiste à l'impétuosité des flots et empêche que le pays ne soit ravagé par l'inondation. Voyez *Thrasylle*, dans ses Egyptiaques.

Eurotas. — On y trouve une pierre nommée *Trasydile* (audacieuse et craintive), qui ressemble à un casque. Dès qu'elle entend le son d'une trompette, elle s'élance sur la rive; mais si on prononce le nom des Athéniens, elle plonge incontinent au fond. Il y a plusieurs de ces pierres dans le temple de Minerve Chalciœque, où elles ont été consacrées. Ainsi le rapporte *Nicanor le Samien*, dans le second livre des Fleuves.

Inachus. — On y trouve une pierre, semblable au béril, qui noircit dans les mains de ceux qui veulent porter un faux témoignage. Un grand nombre de ces pierres se voient dans le temple de Junon Prosymnée, au rapport de *Timothée*, dans ses Argoliques. *Agathon le Samien* en fait mention dans le second livre des Fleuves.

Mont *Mycène*. — On trouve sur le mont *Mycène* une pierre nommée

Corybas, dont la couleur ressemble à celle du corbeau. Ceux qui la portent n'ont à craindre aucune vision monstrueuse.

MONT *Cronius*. — On trouve sur le mont *Cronius*, une pierre qui, pour la raison que je vais dire, est nommée *Cylindre*. Toutes les fois que Jupiter tonne ou éclaire, cette pierre effrayée roule du haut de la montagne en bas, au rapport de *Dercylle*, dans le premier livre de son traité des Pierres.

Euphrate. — On y trouve une pierre nommée *Aëtite* que les sages-femmes mettent sur le ventre des femmes dont le travail est difficile et qui les fait accoucher sans douleurs.

MONT *Drimyllus*. — Près de l'*Euphrate* est le mont *Drimyllus*, sur lequel on trouve une pierre semblable à la sardoine, pierre que les rois du pays portent sur leurs ornements royaux. Infusée dans l'eau tiède, elle guérit la faiblesse de la vue comme le dit *Nicias de Malles*, dans son traité des Pierres.

Caïque. — Il croît dans ce fleuve un pavot qui produit de petites pierres au lieu de fruits. Quelques-unes sont noires et ressemblent à des grains de froment : les Mysiens les jettent dans les terres labourées. Si l'année doit être stérile, elles restent immobiles dans les endroits où elles sont tombées; mais s'il doit y avoir une récolte abondante, elles sautent comme des sauterelles.

MONT *Teuthras*. — On y trouve une pierre nommée *Antipathès*, qui, macérée dans le vin, est souveraine contre les dartres et la lèpre, au rapport de *Ctésias le Cnidien* dans le second livre de son traité des Montagnes.

Achéloüs. — Il s'y trouve une pierre de couleur livide, que sa propriété a fait nommer *Linurge*. Si on la jette sur du linge, aussitôt, par une sorte de sympathie, elle en prend la forme et la blancheur, comme le dit *Antisthène*, dans le livre troisième de sa Méléagride. *Dioclès le Rhodien* en parle avec un grand détail dans ses Étoliques.

Araxe. — On y rencontre une pierrre de couleur noirâtre, nommée *Sicyone*. Lorsqu'un oracle a ordonné le sacrifice d'une victime humaine, deux jeunes vierges posent cette pierre sur l'autel des dieux préservateurs. A peine le prêtre l'a-t-il touchée de son couteau, qu'il en sort une grande quantité de sang. Aussitôt, ceux qui ont accompli les rites, se retirent en poussant de grand cris et reportent la pierre dans le temple (1). Voilà ce que raconte *Dorothée le Chaldéen* dans le second livre de son traité des Pierres.

(1) Un passage d'Apollonius de Tyane semble se rapporter à ces rites sanglants. Lorsque Thespion demande à Apollonius comment les Dieux ont pu permettre de fouetter des hommes libres, ce dernier lui répond : « Les Dieux ne commandent pas de fouetter, mais d'arroser l'autel de sang humain. Mais

Tigre. — On y trouve une pierre d'une blancheur éclatante. On l'appelle *Mynda* et elle garantit des attaques des bêtes féroces, suivant *Léon de Byzance* dans le second livre de son traité des Fleuves.

Indus. — On y trouve une pierre [.....] qui, portée par les jeunes filles, les défend de toute violence contre leur honneur.

MONT *Lilée.* — Le mont *Lilée* produit une pierre d'une couleur noire, qu'on nomme *Clitoris*. Les habitants du pays la portent, comme un ornement à leurs oreilles. Voyez *Aristote,* dans le quatrième livre de son traité des Fleuves.

Dans le Lapidaire que nous venons de transcrire, nous trouvons vingt-huit pierres; en réalité, il n'y en a que vingt-quatre certaines, car trois sont répétées dans trois endroits différents : une intaille naturelle, le cylindre et la pierre des Vierges: une enfin, la pausilype, est très probablement une plante, non une pierre. Le lychnis et l'aster qui n'est autre que l'astérite, le béril, la sardoine, l'antipathe sont bien connues; quelques-unes ont simplement changé de nom, en entrant dans le *Traité des Fleuves,* le cylindre qui est la céraunie, la collote qui est la chelidoine, l'aëtite qui, défigurée par une erreur d'un copiste, est devenue dans certains manuscrits l'astygée, la linurge qui est l'amiante; d'autres, tirent leur nom de leur aspect, de leurs propriétés ou de leur nature, l'aurophylax, qui défend les trésors, la pierre *sophron* par euphémisme, car elle rend fou, la pierre *machera,* qui ressemble au fer, c'est-à-dire à un couteau, et qui bien probablement n'est autre qu'un couteau en silex de l'âge de pierre, dont la forme bien nette pouvait à bon droit étonner les anciens (1), comme d'ailleurs les *céraunies,* qui étaient ou des oursins pétrifiés ou des haches de pierre polie. Nous pouvons encore classer dans cette catégorie les pierres philadelphes,

les Lacédémoniens ont habilement interprété ce qu'il y avait de barbare dans cet ordre de verser le sang, et ils en font un exercice de patience, qui ne fait pas mourir, mais permet d'offrir à Diane Scythique les prémices de leur sang. »

(1) Certaines opérations, les embaumements chez les Égyptiens, la circoncision chez les Juifs, se faisaient précisément avec un couteau de pierre. Le Fétial des Latins frappait la victime avec un caillou appelé *Jupiter Lapis.* Il est fort possible que la castration des prêtres de Cybèle, dont il est question dans ce traité, fut opérée également avec un couteau de pierre. Dans leurs sacrifices, les anciens Mexicains se servaient d'un couteau d'obsidienne pour fendre la poitrine de leurs victimes et en arracher le cœur. Les Chinois, dans l'antiquité, se servaient d'aiguilles en pierre pour pratiquer l'acupuncture.

qui ne peuvent se séparer, la pierre autoglyphe, intaillée naturellement, le *cryphius*, qu'on ne voit que dans certaines occasions, la pierre thrasydile, audacieuse et craintive. Le reste porte des noms nouveaux, ou qu'il m'est tout au moins impossible d'identifier, jusqu'à présent; tel le *corybas*, la sicyone, la *myndu*, le *clithoris*. Je n'ai rien à dire de la pierre du poisson *clupea*, de la pierre des Vierges, de la pierre qui empêche les chiens d'aboyer, des pierres du pavot, car elles ne portent pas de nom et sont seulement désignées par une périphrase.

C'est en vain que nous demanderions aux pierres énumérées ici quelques renseignements : les pierres connues ne nous apprennent rien ; celles que nous n'identifions pas apparaissent pour la première fois.

Cependant, il en est trois qui vont nous donner un point de départ absolument certain. D'abord, la pierre *philadelphe*, ἀνθρωπόμιμος, qui représente un homme ; puis, la pierre autoglyphe sur laquelle est empreinte une image de la Mère des Dieux : « Γεννᾶται δ' ἐν αὐτῷ λίθος Αὐτόγλυφος καλούμενος · εὑρίσκεται γὰρ τετυπωμένην ἔχων τὴν Μητέρα τῶν θεῶν. » Elle se trouve dans le fleuve Sagaris (c. XII) ; enfin, la pierre ressemblant au cristal qui se rencontre sur les bords du Tanaïs et qui représente un homme : « Γεννᾶται δ' ἐν αὐτῷ καὶ λίθος κρυστάλλῳ παραπλήσιος, ὢν ἀνθρωπόμιμος, ἐστεμμένος (1). » — « Quand le roi du pays est mort, le peuple s'assemble sur les bords du fleuve ; celui qui trouve cette pierre est aussitôt déclaré roi et reçoit le sceptre

(1) Je ne puis admettre pour ce passage, la traduction des érudits qui m'ont précédé. Je me demande comment ἐστεμμένος, *adjectif*, peut se rapporter à une *racine*, ἀνθρωπό, comprise dans *un adjectif* précédent ; tandis qu'il est tout naturel que ἐστεμμένος se rapporte à λίθος. Or, nous sommes ici en présence d'un camée sur une agate translucide, indubitablement ; c'est donc une agate, entourée du στέμμα, d'une bandelette, c'est-à-dire *rubannée*. Le trésor de Conques (*Annales archéologiques*, t. XX, p. 327) possède plusieurs camées d'agate rubannée, qui n'est autre qu'une sardonyx à plusieurs couches, sur laquelle l'habileté du graveur peut se donner libre carrière. D'ailleurs, le *Lapidaire de Galamazar*, du XIIe siècle, *le seul* qui appartienne à la famille Pseudo-Plutarquienne, mentionne la pierre *Gorudius*, « lapis [qui] in insula Capso Sicilie invenitur (précisément le pays des agates), serenis aureis colorem habens, *rubicundus, præcinctus est zonis* ». Ἐστεμμένος me semble traduit, mot à mot, par ce *præcinctus zonis* (pierre 15) ; plus loin nous lisons encore : « Et Xamius, rubore sanguineus, *viridibus zonis præcinctus.* » (pierre 16).

du prince défunt » (c.xiv). — Au temps où fut composé le *Traité des Fleuves,* on croyait donc aux intailles et aux camées *naturels,* c'est-à-dire que, les procédés de la glyptique ayant été oubliés, on s'imaginait que les pierres taillées, intailles ou camées, qu'on découvrait ou qu'on possédait, étaient des produits de la nature et, par leur étrangeté même inexplicable, doués des effets les plus extraordinaires. La transition est fort intéressante à observer dans les Lapidaires de la basse antiquité. Alors que les textes des Lapidaires des pierres gravées prennent à côté des textes des Lapidaires des pierres précieuses une place importante, on découvre précisément dans un mot unique, changé par le rédacteur du Lapidaire, qui ne comprend plus le texte de ses prédécesseurs qu'il reproduit ou traduit, le fossé artistique qui sépare l'antiquité du très haut moyen âge.

C'est ainsi que la formule de Damigéron, au béril (c. xxxv) : *Scul-* « *pis* in eo locustam marinam », et celle du panchrode (c. xxxvi). « *Sculpis* in eo Latonam et Hippocratem », sont remplacées chez Céthel par une formule invariable, précédant toutes les pierres gravées : « *Si inveneris* », suivi de la description de la pierre qui doit produire les effets les plus merveilleux (1). Damigéron vivait à une époque où la glyptique était encore en honneur, où l'acheteur pouvait commander par conséquent la gravure qu'il désirait, tandis qu'au moment où était écrit le *Livre de Céthel,* les procédés

(1) A propos de ces pierres naturelles, nous lisons dans Albert le Grand : « Est enim Coloniæ in capsa Trium Regum, magnæ quantitatis onychus, habens latitudinem manus unius hominis et amplius, qui est sicut unguis : picta dua sunt capita juvenum albissima, ita quod est unum sub alio, sed elucet propositione nasi et oris, et in fronte capitum est figuratus nigerrimus serpens qui colligat capita illa. In mandibula autem unius, in ea parte ubi est angulus curvitatis mandibulæ, inter partem quæ descendit a capite et eam quæ ad os inflectitur, est caput Æthiopis cum longa barba nigerrimum, et subtus in collo, iterum est lapis habens colorem unguis et videtur esse vestimentum decoratum floribus circa capita. Probavi autem, quod non est vitrum, sed lapis, propter quod presumpsi picturam illam esse a natura et non ab arte. Similes multi inveniuntur. » *Opera,* t. II, p. 239. Il est peut-être intéressant de citer également, à propos de ces images naturelles, ce passage du *Pèlerinage du moine Isaïe,* à la Sainte-Montagne d'Athos (xve siècle) : « Le couvent de *Zographos,* dont l'église est consacrée à saint Georges, possède l'image de saint Georges, non peinte de main d'homme, et au côté droit du visage se trouve une excroissance. »

étant oubliés, il fallait se contenter des intailles ou camées qu'on rencontrait. La séparation est donc bien nette : l'auteur qui décrit les pierres qu'*il faut faire graver* vit au moment où fleurit la glyptique ; le Lapidaire qui se contente de parler des pierres intaillées *naturelles* est d'une époque où cet art a disparu. Or, dans notre traité l'hésitation n'est pas possible : la pierre *autoglyphe* est bien une intaille, produit de la nature, le camée représentant une tête d'homme « se trouve par hasard » au bord du Tanaïs. L'auteur du *De Fluviis* est donc postérieur au lapidaire de Damigéron et aux graveurs de pierres.

Est-il possible de serrer de plus près la vérité? Les Gnostiques, nous le savons, ont gravé de nombreuses pierres; leurs abraxas, leurs amulettes, sont parvenus jusqu'à nous, mais c'est le dernier effort de la glyptique antique ; leurs produits sont généralement misérables et, vers le IIIe siècle, l'art du graveur semble se perdre. C'est donc forcément, à un moment postérieur à cette date qu'il faut rapporter les traités qui parlent de pierres gravées naturelles; ils ne peuvent leur être antérieurs.

J'ai tout d'abord pensé que le Περὶ ποταμῶν datait de l'empereur Julien. Voici les motifs sur lesquels je me fondais.

Vers le milieu du IIIe siècle, il se fait un singulier amalgame de magie, de christianisme et de mythologie dans ces livres que leurs auteurs mettent sous l'égide d'illustres prédécesseurs.

Comme dans les arts plastiques, l'infiltration du christianisme a lieu dans cette littérature, presqu'à l'insu des auteurs; le vieux panthéon païen demeure, mais modifié par les idées nouvelles; les légendes restent, mais revêtues d'apparences chrétiennes. C'est précisément cette graduelle modification, aux étapes insensibles, qui doit nous aider dans notre tâche, en tenant compte néanmoins des milieux intellectuels où les traités ont vu le jour. Or, que trouvons-nous ici? Cybèle et ses Mystères, Minerve Chalciæque, Junon Prosymnée et leurs temples, Jupiter qui tonne, des sacrifices humains, la castration dont l'auteur parle pour ainsi dire en spectateur; le christianisme ne paraît donc avoir eu aucune influence sur l'auteur de notre Lapidaire. Ainsi, d'après la mention des *pierres gravées naturelles,* le traité devrait être postérieur à Damigéron ; mais voilà que du côté religieux il ne présente presque aucune trace d'influence chrétienne, quand Damigéron, antérieur, bien que livre de magie, parle déjà de Dieu et non pas des Dieux, parle de la consécration et de la sanctification des pierres, qu'il veut *sanctificati perpetua consecratione,* parce que *sacrificantibus propitiantibusque Deo utiles sunt.* Comment faire concorder ces deux résultats acquis ?

La chose ne pouvait-elle donc s'expliquer ? Pendant quatre siècles l'École d'Alexandrie oppose au christianisme naissant les doctrines des vieux systèmes de la Grèce et de l'Orient. L'opposition prend surtout une nouvelle vigueur, quand à Constantin, qui établit au IVe siècle le christianisme comme religion d'État, succède Julien, athénien passionné pour les lettres et les arts, qui prétendait faire renaître l'esprit ancien et détruire la religion qui s'élevait. Jusqu'à la mort de Constantin, l'influence chrétienne, à la faveur de la pacification des partis, peut se faire sentir ; à l'avènement de Julien, la réaction est violente. N'était-ce pas précisément à cette période qu'il fallait rattacher le Περὶ ποταμῶν ? L'auteur en écrivant ce traité qui parle indirectement des dieux négligés, n'avait-il pas la prétention de rappeler aux générations oublieuses de leurs croyances, les mystères antiques, la puissance vengeresse des divinités du paganisme ? Il y avait là, reconnaissons-le, un ensemble fort bien disposé et qui m'avait engagé à attribuer à cette époque le *Traité des Fleuves.*

Mais nous restions toujours dans le domaine des hypothèses. Que savons-nous des *Poèmes Orphiques,* de Damigéron, des *Cyranides?* A un siècle près, pouvons-nous les dater ? Connaissons-nous l'époque exacte de l'abandon de la glyptique, cet abandon qui, dans ce cas, est presque un point de départ pour nous ? La seule chose absolument certaine, c'est que Damigéron et les *Cyranides* sont antérieurs au Pseudo-Plutarque, puisqu'ils parlent de la gravure des pierres.

Une observation de M. Th. Reinach va nous permettre de serrer davantage les termes du problème. Occupé surtout du Lapidaire, de la forme magique du traité, de ses attaches Alexandrines, je n'avais pas remarqué au § 20 ces mots : Εὐφράτης ποταμός ἐστι τῆς Παρθίας κατὰ Βαβυλῶνα πόλιν. Or, l'Euphrate n'a pu être qualifié « fleuve du pays des Parthes » qu'à un moment où la dynastie des Arsacides subsistait. A partir de 227, époque à laquelle l'empire parthe fut définitivement renversé, il n'est plus jamais question des Parthes, et aucun auteur ne se sert, même dans les récits de guerre antérieurs à cette date, d'un autre nom que celui des Perses.

Notre traité ne peut donc être postérieur à 227. Il n'en reste pas moins précédé par Damigéron et par les *Cyranides*. Mais est-il de beaucoup antérieur à cette date? Le peu que nous savons de la glyptique ne permet guère de le reculer au-delà du premier quart du IIIe siècle; c'est donc à cette époque qu'il conviendrait peut-être de l'attribuer avec toute vraisemblance.

Au point de vue littéraire, Damigéron, les *Cyranides* vont donc se trouver repoussés dans le passé; il devient impossible qu'ils soient postérieurs à la première moitié du IIe siècle; au point de vue de l'art, nous trouvons ici un précieux renseignement; dans le premier quart du IIIe siècle, il ne reste plus trace de l'art de la glyptique, dans un milieu où l'intelligence brille cependant d'un vif éclat. Tout se tient donc étroitement dans cet enchaînement, et l'époque de la composition du Περὶ ποταμῶν apporte à l'histoire de l'art antique un sérieux appoint, de même qu'il nous permet de dater, très approximativement du moins, certains monuments du cycle Alexandrin à peine étudiés jusqu'ici.

Le Puy, imprimerie Marchessou fils, boulevard Saint-Laurent, 23.

DU MÊME AUTEUR :

Quatre mois en Russie, livr. 910, 911, 912 du *Tour du Monde.* Paris, Hachette, 1887, in-4°.

La Céramique Italienne. Paris, Didot, 1884, in-8°.

Les origines de la Céramique Française. Paris, *Gazette des Beaux-Arts,* 1885, gr. in-8°.

Les Chemises de la Vierge. Chartres, Garnier, 1885, gr. in-8°.

Le Chef de saint Tugual à Chartres. Caen, Leblanc, 1885, gr. in-8°.

Le Trésor de Chartres. Paris, Picard, 1886, gr. in-8° raisin.

L'abbé Aubert. Paris, Boussod, 1886, gr. in-4°.

Le grand Camée de Vienne. Paris, Lévy, 1886, gr. in-4°.

Les Inventaires de Saint-Père-en-Vallée. Paris, Picard, 1887, gr. in-8°.

François Marchand et le Tombeau de François Ier. Chartres, Selleret, 1887, in-4°.

La Crosse dite de Ragenfroid. Paris, Lévy, 1888, gr. in-4°.

Une Broderie du XIVe siècle, représentant Charles V. Chartres, Garnier, 1888, in-8°.

L'Ordre Teutonique dans l'ancien diocèse de Chartres. Chartres, Garnier, 1888, in-8°.

Les Maisons normandes. Paris, Boussod, 1888, gr. in-4°.

Études iconographiques sur les vitraux du XIIIe siècle de la Cathédrale de Chartres. Lille, Desclée, de Brower et Cie, 1888, in-4°.

Le Poisson dans les pierres gravées. Paris, Leroux, 1889, in-8°.

Le Cardinal Étienne de Vancza, archevêque de Strigonie. Paris, Picard, 1889, in-4°.

La Table d'or de Don Pèdre de Castille. Paris, Picard, 1889, in-8°.

Jehan Soulas, ymagier du XVe siècle. Paris, Plon, 1889, in-8°.

Les Reliques du Lait de la Vierge et la Galactite. Paris, Leroux, 1890, in-8°.

La Croix des premiers Croisés. Lille, Desclée, de Brower, 1890, in-4°.

La Cathédrale de Chartres; le Tour du chœur. Paris, Plon, 1890, in-4°.

Visite aux Trésors de Saint-Maurice et de Sion en Valais. Paris, Leroux, 1890, in-8°.

Les Vêtements de saint Thomas de Canteloup, à Lisieux. Lille, Desclée, de Brower, 1891, in-8°.

Les Pierres Chaldéennes, d'après le Lapidaire d'Alphonse X le Sage. Paris, Imprimerie nationale, 1891, in-8°.

Note sur un chapiteau de la Cathédrale de Chartres. Paris, Leroux, 1891, in-8°.

Les Cachets d'oculistes et les Lapidaires de l'antiquité et du haut moyen âge. Paris, Klincksieck, 1892, in-8°.

En collaboration avec M. A. de Montaiglon, **Le Musée de Lisieux.** Paris, Plon, 1892, in-4°.

Mordtmann (Le Dr). **Esquisse topographique de Constantinople** (publiée par les soins de M. de Mély). Lille, Desclée, de Brower, 1892, in-4°.

En collaboration avec M. Edm. Bishop, **Bibliographie générale des Inventaires imprimés.** Paris, Leroux, 1892, gr. in-8°, t. I. (Ministère de l'Instruction publique et des Beaux-Arts.)

Le Puy-en-Velay. — Imprimerie Marchessou fils, boulevard Saint-Laurent, 23.

www.ingramcontent.com/pod-product-compliance
Ingram Content Group UK Ltd.
Pitfield, Milton Keynes, MK11 3LW, UK
UKHW032040260826
14628UKWH00007B/3084

9 782016 123508